NOUVEAU RECUEIL GENERAL,

CONTENANT TOUTES LES CHANSONS MAZARINISTES, ET plusieurs qui n'ont point estées Chantées, depuis la sorties de Messieurs les Princes.

AVEC LES TRICOTETS ET TRIOLETS de Mazarin, depuis sa sortie.

A PARIS,
Chez Marignon Iacquet, ruë de la Boucherie, aux trois Oysons.

M. DC. LII.

QVATRAIN
SVR LES RODOMONTADE DE MAZARIN.

Iules, vous meritez que l'on vous donne
De l'a loüange, & de l'onneur,
Alors que vous ne voyez personne
Vous vous battez d'vn tres-grand cœur.

LE TRIOLET
MAZARIN.

MEssieurs il vo' faut faire accueil
A tant de jolies Chansonnettes,
Qui sont mises dans ce Recueil,
Messieurs il vous faut faire accueil,
Mazarin en Créue de dueil:
Car c'est de luy qu'elles sont faites,
Messieurs il vous faut faire accueil
A tant de jolies Chansonnettes.

   Mazarin y est estrillé,
On l'y tient au cul & aux chausses,
A present il est bien grillé
Mazarin y est estrillé,
Dans ces Chansons il est raillé,
Ma foy tout le monde s'en gausse,
Mazarin y est estrillé,
On l'y tient au cul & aux chausses.

   En vn mot dedans ces Chansons,
Ces meschancetez sont comprises
Ses fourbes & ses trahisons,
En vn mot dedans ces Chansons,
On les verra en cent façons,
Point du tout on ne les deguises,
En vn mot dedans ces Chansons
Ces meschancetez sont comprises.

   Par toute sorte de moyens
Il a vollé nostre Finance,
Pour agrandir luy & les siens
Par toute sorte de moyens,
Mais si dans Paris il reuiens
Il fera piteuse cadance,
Par toutes sortes de moyens
Il a vollé nostre Finance.

   Mazarin cause du mal-heur
Et de la perte de la France,
Tu n'est rien qu'vn perturbateur
Mazarin cause du malheur,
Tu és le principal Autheur,
Que tout chacun est en souffrance,
Mazarin cause du malheur,
Et de la perte de la France.

   Mais n'estois tu pas bien mauuais,
Ame traistresse & desloyale,
Lors que tu empescha la Paix,
Mais n'estois tu pas bien mauuais
Va-t'en au diable à tout iamais
Auecque tout ta cabale,
Mais n'estois tu pas bien mauusis,
Ame traistresse & desloyale.

   Pour affin de t'asseurer mieux
Tu fis emprisonner les Princes,
Auec t'on aduis cauteleux,
Pour affin de t'asseurer mieux,
Le peuple tu as rendu gueux,
Ruinant Bourgs, Villes & Prouinces
Pour affin de t'asseurer mieux,
Tu fis emprisonner les Princes.

   Mazarin croy-tu eschapper
Tu sentiras nostre colere,
Ne viens pas icy te camper,
Mazarin croy tu eschapper,
Ma foy nous te ferons Lamper,
Au beau milieu de la Riuiere,
Mazarin croy-tu eschapper,
Tu sentiras nostre colere.

Mais pour moy ie croy Mazarin,
Que tu as quelque Caractere
Ou bien quelque esprit malin,
Mais pour moy ie croy Mazarin,
Qui t'a suscité pour sçertain,
Et nous causer tant de misere,
Mais pour moy ie croy Mazarin,
Que tu as quelque Caractere.

Mais enfin à bis ou a blanc,
Faut que de toy on se desasse,
Et que malgré toy & tes dents,
Mais enfin a bis ou a blanc,
On renuoyera dans peu de temps
Comme vn geux porter la besasse,
Mais enfin a bis ou a blanc,
Faut que de toy on se desasse.

F I N.

CHANSON NOVVELLE,
sur la sortie de prison de Messieurs
les Princes, *Sur le chant*, depuis
que le monde est monde.

SOn Altesse tres-Auguste,
Prudent & iudicieux,
Fit remonstrance tres-iuste,
Par des propos genereux,
Representa la misere
De ces trois braues Seigneurs,
Disant il est necessaire
Qu'on les oste de douleurs.

Beaufort ce Prince inuincible
Aussi le Coadiuteur,
Il ont fait tout leur possible,
Pour les tirer de langueur,
Denemours Prince tres-sage
Auecque le Parlement,
Il ont osté de l'esclauage
Ces Prince sage & prudent,

Dans les Bourg Ville & village
De belles receptions,
L'on faisoit d'vn grand courage
Et de bonne affection:
A ces Princes de merite
Qui feront pour le certain:
Contre Mazarin poursuitte
Ce barbare & inhumain.

Les Villageois tres-aymables
Ont fait de tres-beaux festins,
Et auoient dressé des Tables,
Quantité sur les chemins;
Voyans arriué ces Prince
Ils beuuoient à leur santé,
Esperant que nos Princes
Ils mettront en liberté.

A Condé plein de vaillance,
Chacun crioit hautement,
Mon Seigneur point d'Eminence
Ne voulons aucunement:
Il a ruyné la France,
Il a emporté nos Louys,
Le faut mettre en decadance
Et tous nos fiers ennemis.

Luy de parolle agreable
Leurs répondoit humblement,
Ie mettray ce detestable
Bien-tost dans le monument,
Ne faut il point dedans la France
Qu'il y ait de Mazarin:
Cela vous mit en souffrance
Mais i'y mettray bien-tost fin.

Vne foulle incomparable
De peuple aller au deuant,
Chacun de voix agreable
Cryoient assez hautement,
Viue le Roy & les Princes,
point iamais de Mazarin
Ne voulons dans les Prouinces,
Car c'est vn traistre coquin.

Condé, Conty, Longueville
Respondoient courtoisement,

En

En entrant dedans la Ville
Messieurs tres-certainement,
De Mazarin dans la France
Il n'y en aura iamais;
Et alons d'asseurance
Faire vne tres bonne Paix.

  Grande quantité de carrosse
Estoient le long du chemin,
Des Seigneurs & Dames à force
L'on voyoit pour le certain,
Les Bourgeois d'humeur agille
Les saluent de tous costez,
Faisoient par tout & dans la Ville,
Voyant ces trois Princes entré.

  Ils furent par reuerence
Saluër sa Maiesté;
Et par vne grande prudence
Deux il fut complimenté,
Apres Monsieur son Altesse
Les traitta dans son Palais:
Ces Princes pleins de sagesse
Se trouuerent fort satisfaits.

  Le l'endemain ils allerent
Remercierent le Parlement,
Ce fut où ils témoignerent
Leur tres-grand ressentiment:
Le peuples dedans les ruës
Voyant ces Prince passer,
Auoyent tous la teste nuë
Afin de les saluër.

  Menons tous reiouyssance
Dans Paris & dans les champs,
Ces Seigneurs pleins de vaillance
Nous vont oster de tourment,
Par vne Paix generalle,
Et le rabais des imposts,
D'vne amitié martialle
S'en vont soulager nos maux.

FIN.

LE GRAND COVRIER, apportant toutes sortes de Nouuelles de toutes les contrées des Prouinces: *Sur le chant*, Enfin dans l'Amoureux, &c.

COvrier mon cher camarade,
Asseure-moy certainement,
A Paris ne fait-on plus garde
Ne crains-t'on rien pour le present,
Non Mósieur car nos braues Princes
Veulent soulager nos Prouinces,
La Maiesté prie humblement,
Pour le Peuple oster de tourment.

  Parle moy vn peu de Champagne,
Est-il vray ce qu'on m'a conté,
Des Habitans dans la campagne,
On tient qu'il en meurt quantité:
O ny mon Seigneur ie certifie,
Qui luy a grande maladie,
De Famine & de pauureté,
Et bien d'autre necessité.

  Qui cause se furieux desastre,
Courier ie prie dis-le moy,
Nos gens ont-ils fait du Massacre,
Ont-ils mis tout en desaroy,
Ouy par l'ordre d'vn meschāt hōme,
Iulles Mazarin ie le nomme,
Et par son conseil d'esloyal
Il a causé tout ce grand mal.

  L'on tient aussi dans la Bourgōgne,
Par vne trop noire action,
Qu'il exerça de grand' vergongne,
En tesmoignant sa trahison.
Ouy il fit mettre dans Vincenne,
Les trois Princes en tres-grāde peine,
Mais Dieu mercy ils sont sortis,
Malgré luy & leurs ennemis.

Ce meschant trop remply de rage,
En Normandie s'acheminant,
Fit-il point faire de Carnage,
Ne me le celle nullement
Ce Tyran natif de Sicille
Hayssant le grand Longueville,
Dans tous les lieux où il passoit,
Faisoit du pire qu'il pouuoit.
 Dy moy dedans la Picardie
Ne les a-t'il point fait patir,
Par sa cruelle tyrannies,
Ie croy qu'il les a fait languir,
Monsieur dans les Bourgs & villages
Tout le Peuple à perdu courages,
Ne pouuant souffrir le dessein
De ce perfide Mazarin.
 Dans le Bordelois, & Prouence,
A-t'il tesmoigné sa fureur,
N'a-t'il pas mis en décadance,
Ces Prouinces d'vn tres-grand cœur
Ouy ce peruers remply d'enuie,
Il leur vouloit oster la vie,
Il n'en a pust venir à bout
Car les armes auoient pris par tout.
 Nostre Roy ce jeune Monarque
Dans ce pays tres-perillieux,
Auoit-il dessein dans la parque,
De le mettre dedans ces lieux,

Ouy ce Iulles tres-detestables,
Ayant vne ame abominable,
Nostre ROY alloit fatiguant,
Croyant le mettre au monument.
 Son Altestesse sage & agile,
Conioint auec le Parlement,
Ont-ils d'vne action ciuille,
Contre luy donné Iugement
Cognoissant sa noire malice
Ils ont par Arrest de Iustice,
Dit que la France il sortira,
Où qu'à la mort on le mettra.
 La France sera desliurée,
Lors qu'elle perdera ce tyran,
Qui a perdu tant de contrée,
Et Paris aussi mesmement,
Ouy Monsieur on a esperance,
Puis qu'on a perdu sa presence,
De viure en paix & en repos,
Rabaissant quantité d'Impots.
 Ie voudrois que Dieu fit son foudre
Tomber dessus ce desloyal,
Affin de le reduire en poudre,
Estant autheur de tout le mal
Et moy ie voudrois d'vn grand zelle,
Qu'il fut dans le port de Marseille
En Gallere pour ses forfaits,
Afin qu'il n'en reuint iamais.

F I N.

CHANSON NOVVELLE,

Faite à Bordeaux, Sur la Deffaicte de quelque Trouppes Mazarines.

Sur le chant: Nous auons la Rochelle, Tin, tin, &c.

VOvs qui parlez de Mazarin,
Vous qui parlez de Mazarin,
Le prenez vous pour vn coquin, b.
De rapporter en France
Tin, tin, relin tin tin, relin tin tin.
De l'Or en abondance
Auec tout son butin.

Laissez passer ce grand Courrier, b.
Qui met le pied à l'estrier, bis.
Pour apporter Nouuelle,
Tin tin, relin tin tin, relin tin tin.
De la guerre cruelle,
Qu'on fait aux Mazarins.

Il nous apprend que dans Thoulon
Il nous apprend que dans Thoulon,
On y a pris vn million, bis
Qui en grand diligence
Tin tin, relin tin tin, relin tin tin,
Venoit pour l'Eminence
De Iulles Mazarin.

Thoulouse & tout le Languedoc,
Thoulouse & tout le Languedoc,
Ne posent pas les Armes au croc, b.
Cette grande Prouince, Tin tin, &c.
Soustient Messieurs les Princes
Contre le Mazarin.

S. Luc venant de Montauban, b.
Vient de perdre tout maintenant, b.
Sans mesconter personne
Tin tin, relin, tin tin, &c.
Trois mille cinq cens hommes
Et tout leur Magazin.

Cette belle Execution, bis.
Fut faicte proche de Coudron, bis
La Sepmaine passé, Tin tin, &c.
Mal heureuse Iournée
Pour tous les Mazarins.

Ce pauure monsieur de S. Luc,
Ce pauure monsieur de S. Luc,
N'a plus qu'à se torcher le cul, bis
Car de son Cimetiere, Tin tin, &c.
Ne fera plus la Guerre
Pour Iules Mazarin.

D'Hoquincourt le Mazarineau,
D'Hoquincourt le Mazarineau,
A Des-ia trouué son Tombeau, b.
D'vn grand coup dans sa panse
Tin tin, relin tin tin, relin tin tin.
Voyla la Recompense
De seruir Mazarin.

Du Mont-Marsan les Habitans, b.
Se sont aussi monstrez vaillans, b.
Ont deffait deux mille hommes
Tin tin, relin tin tin, relin tin tin.
Pris deux Canons en somme
A Iules Mazarin.

Mon cher Amy prepare-toy, bis
De boire à la santé du Roy, bis
C'est pour luy que la France
Tin tin, relin tin tin, relin tin tin.
Fait Narque à l'Eminence
De Iulles Mazarin.

Maistre Estienne donnez du vin. b.
Et que chacun de main en main, bis
Nous beuuions à la Ronde
Tin tin, relin tin tin, &c,
A cette Illustre Fronde
Qui poursuit Mazarin.

Gros Iean ne sois pas endormy,
Nous allons iurer auiourd'huy, b.
De celebrer la Feste
Tin tin, relin tin tin, relin tin tin.
Qu'on coupera la Teste
A Iulles Mazarin.

FIN.

CHANSON BACHIQVE,
Sur vn Air Nouueau.

AMy qu'on fe refveille,
Voicy du vin nouueau
Careffons la bouteille,
Faifons fefte au tonneau,
Que maudit foit la Guerre,
Chacun y meurt de faim,
Armons nous d'vn grand verre
Beuuons iufques à demain.

Ie veux que l'on me tonde
Comme vn pauure animal,
Si ie n'ayme la Fronde
Et hayt le Cardinal
Que la Fronde l'emporte
Ie chery fa faueur,
Et veux que l'on m'apporte
Cette aymable ligueur.

Son Alteffe Royalle,
Et le Coadiuteur,
D'vne amour martialle,
Aymons les d'vn grand cœur
Beuuons trouppe frondeufe
A ces deux grands appuys.
D'vne humeur genereufe,
Ils fouftinnnent nos Lys.

Condé Beaufort aymables
Longueville & Conty,
Ces quatres Princes affables,
Souftenons leur party,
Quoy que Mazarin gronde,
Beuuons à leur fanté,
Lacquais verfe à la ronde
Ils font en liberté.

Amy que doit on faire
Dedans ce Ciecle icy
Chacun à fon affaire,
Chacun à fon foucy

Pour moy qui vit fans gloire
Loing des fuperbes cours,
Ie veux paffer à boire
Le refte de mes iours.

Ie ne fuis point efclaue
D'vn fauory facquin
Ma Cloris & ma caue
Son cœur eft mon deftin
L'on remply ma bouteille,
L'autre mon appetit
Et l'autre me refveille
Quand ie fuis endormy.

Il vaut mieux eftre à table
Que d'eftre en faction
La paix eft preferable
A la fedition
Quittons nos halebardes
Dieu que nous fommes fots,
S'il faut eftre en garde
Que ce foit prés des pots.

Au vaillant de Thurenne
Hardy comme vn lion
Beuuons la taffe pleine
A luy fais moy raifon
Fy des Mazariniftes
Et de leur adherans,
Ie créve & ie defpite
Contre ces impudans.

Pour moy qui vit fans crainte
Ie ne m'en foucie pas
Quand i'embraffe vne pinte,
C'eft où font mes ébas
Ie boy au Roy mon maiftre,
Et a toute fa Cour
C'eft où ie fais pareftre
Mon aymable feiour.

FIN.

CHANSON NOUVELLE,
ou Raillerie Vniuerselle de Mazarin : *Sur le chant*, Des Petits sots de Bordeaux.

C'Est à ce coup que nos Princes
Vont Fronder plus fort que iamais,
Et qu'il veulent nos Prouinces
Faire viure en Paix desormais
Car son Altesse Royalle
Assisté du Parlement,
Ont faict chasser la caballe
Des Mazarins promptement. bis

Font claquer par tout le monde
Contre ce Iulle Mazarin
Le Clat de nostre Fronde
Affin de Tuer ce Philistin
Chargeons la ie vous en prie
D'vn gros & pesant Caillou
Affin d'oster mieux la vie
A ce Traistre de Hibou. bis

Le Tellier Seruiens & Lionne
Vous auez trop fait les zellez,
Pour conseruer la personne,
De celuy qui nous a volé
Mais en despit de vos finesses,
La Fronde aura le dessus
Et Mazarin ny ses trois Niepces
En France n'entreront plus. bis

L'on s'estonne qu'a Cologne
On ayt souffert ce Tabarin
Que des-ia ceste charongne
Ils n'ont ietté dedans le Rhin
Pour le vol de nos finances
N'y a point de vray Frondeur
Qui ne voulust qu'a la potence
On n'eust mis ce franc voleur. bis

Tous ces quatre personnages
Ont choqué les Princes & Seigneurs
Mesme ont causé l'esclauage
De tant de braue gens de cœur
Tesmoin Beaufort prince sage
Mesme la Mothe Houdancour
Les ont tenu en seruage
Six ans dedans vne Tour. bis

Condé Conty Longueville
Furent mis en captiuité
Par ce monstre de Scicille
Qui opprimoit leur liberté
Cela fit voir sa malice
Et perdre tout son credit
Car ou regne l'iniustice
Il ny eust iamais desprit. bis

Nostre Senat tres Auguste
Assisté du Duc d'Orleans
Et Condé ce prince Illustre
Chasseront tous les partisans
Et malgré tous ces canailles
Qui nous ont tant faict de mal
On abbaisera les Tailles
En despit du Cardinal. bis

Si iamais tu rentre en France
Iulle tu te peux asseurer
Que pour toute rescompense
Tu ne sçaurois rien esperer
Que la Rouë ou la Galere
La potence & le Boureau
Pour auoir trop faict la Guerre
A Paris Roüan & Bordeaux. bis

Vaten doncq trousse tes quilles
Puis que nos Princes sont vnis
De peur que tes triquebilles
Ne demeure en ce Païs
Tu sçais que le Marquis d'Ancre
Qu'on appelloit Conchiny
Deuroit bien seruir d'exemple
A toy Iulle Mazariny.

FIN.

LA LETTRE DE MON-
Seigneur le Duc d'Orleans escrit-
te à Sa Maiesté aprés sa descente
du Palais luy priant de faire vn
bon accord auec les Princes, *Sur
le chant*, De Dorimaine.

CHer Nepueu de Bourbon,
Auec bonne intention,
Ie vous prie de me permettre,
Que pour les Princes vaillans
De receuoir cette Lettre
Qu'est selon mes sentimens.

Sire ie trouue à propos
Que vous soulagiez les maux
Du peuple trés debonnaires
Qui pat y incessamment,
Par les fleaux de la Guerre,
Qui sont en France à present.

Vous vous pouuez accordé,
Auec le grand de Condé,
Et Conty plain de sagesse,
Et tant de braues Seigneurs
Et tant d'honneste Noblesses
Qui sont vos bons seruiteurs.

Les Armes asseurement,
Ils n'ont pris aucunement
Contre vous n'y vostre mere,
Mais bien contre Mazarin,
Qui cause la grand misere
De vos suiets pour certain.

N'est-ce pas luy qu'est l'hauteur
De la France le mal-heur
La guerre il à allumée
Grand Roy excessiuement
Faisant ruiner les contrées
De iour en iour hardiment.

Bien qu'il n'est plus à Paris,
Il luy a de ses amis
Qui sont contre tous les Princes
Contre moy pareillement
C'est ce qui fait les Prouinces
Mettre en trouble maintenant.

Quoy Condé Prince prudent,
Qu'à tant respendu de sang,
Pour vous dans plusieurs Batailles,
Dans les sieges & les assauts
Faut-il que pour des canailles
Il se refuge à Bordeaux.

Par vn fascheux mauuais temps
On vous emmeine aux champs,
Vous faisant quitter de sorte
Les aymables Parisiens
Qui tant d'amitié vous porte,
En vous offrant tous leurs biens.

Sire il n'estoit point besoing,
De vous esloigner si loing
Pour la Guerre aller faire
Qui cause grand Potentast
A present la ruine entiere
Du Royaume & de l'Estat.

Ie vous supplie d'vn grand cœur,
De me faire la faueur,
Mettre toutes les prouinces
En repos pour tout iamais,
Faictes auecque les Princes,
Vne heureuse & bonne paix.

Quand la paix vous aurez fait
Chacun sera satisfait,
Vous verrez ces Princes affables,
Chasser l'Espagnol meschant,
Qui faict des choses execrables
Dans la France insolemment.

Grand Roy Nepueu de Bourbon,
De cœur & d'affection
Demeure auecque prudence,
Comme vn genereux Seigneur,
Gaston remply de Clemence
Vostre humble & bon seruiteur.

FIN.

LETTRE DE MONSEIGNEVR le Prince escrite à l'Archiduc Leopol pour la paix general entre la France & l'Espagne, *Sur le chant.* Depuis que le monde, &c.

ARchiduc plain de sagesse
Cette lettre d'vn grand cœur,
Receuez là d'allegresse,
Comme vn tres prudent Seigneur
C'est pour l'Espagne & la France
Oster de peine & tourment
Prions nos Rois par prudence
Qu'il s'accorde ensemblement.

Vous sçauez que dans la Guerre,
Il c'est tant versé de sang
Grand Prince tres debonnaire,
Il nous faut diligemment
Hoster le peuple hors de peine
Qui patit depuis long-temps,
La chose en est tres certaine
Dans les villes & dans les champs.

Tant de genereux grand Princes,
Ont esté mis au tombeau
Et tant de nobles Prouinces,
Sont ruinées par ce fleau,
Quoy faut-il pour tant de Villes
Que tant de soldats soient morts
Ces pertes sont innutiles,
Taschons de faire vn accord.

Tant en France que dans Flandre
Tout y est entierement,
A present reduit en cendre,
Par des efforts violents,
Tant de meurtres & de massacres,
Il c'est fait dans vos pays,
Et de tres fascheux desastres,
Qui causoient de grands ennuis.

Mon Cousin le Roy mon maistre
Ie supplie iournellement,
Son pouuoir fasse paroistre,
Et ie le prie humblement,
Qu'auecque le Roy d'Espagne
Ils se puissent accorder,
Et que dans cette campagne,
Les armes on fasse cesser.

D'vne amour tres martialle,
Tous les iours au Parlement,
Va son Altesse Royalle,
Moy & les Prince du Sang,
Pour voir ce qu'est necessaire,
Pour les affaires d'Estat,
Desirant cesser la Guerre,
Qui tout le commerce abat.

Le Roy Dom Philippe d'Espagne
Suppliez auec ardeur,
Que ce bon heur accompagne
Nous & luy d'vn trés grand cœur
Afin qu'on voye la France
Et l'Espagne mesmement
Tous deux mise hors de souffrance
Par la paix entierement.

Ie vous asseure & proteste,
Auec grand ciuilité
Archiduc sage & honneste,
Remply de fidelité,
Qu'il faut pour nostre patrie,
Auoir vn soing trés exquis
Et oster de tyrannie
Les peuples nos chers amis.

A Longueville mon frere,
Et a vous pareillement,
D'vne amour particuliere,
Auez tachez prudemment,
Que l'Espagne & la France,
A leurs malheurs prise fin,
Mazarin plain d'arrogance
Empescha vostre dessein.

Seruient, Tellier, & Lyonné
Tous trois en ont empesché
Que ces deux nobles Couronnes
Ne se sont pas accordé,
Pour espuiser nos Finances,
La Guerre ils entretenoient,

Enfin leurs grandes infolences
Depuis peu on recognoient.
   De iour en iour fais priere,
A Iesus-Christ mon Sauueur,
Et à la Vierge sa mere
Nous faire cette faueur
Que nos deux grãds Rois s'accorde,
Pour viure paifiblement,
Par vne paix & concorde
Vous & moy enfemblement.
     F I N.

ARRESTS DE LA COVR
de Parlement donné contre Mazarin en presence de son Altesse Royalle, *Sur vn chant, Frere frapart disoit en dance*, &c.

DEs loüanges a son Altesse,
Il nous faut donner grandemẽt
Ce Prince remply de sagesse
Auec Messieurs du Parlement
Ont encore donné d'asseurance
Contre Mazarin vn Arrest
Qu'il faut qu'il sorte de la France
Ses parents aussi ses suiets.
   Ce monstre issu de l'Italie
N'a-t'il pas esté si hardy
De reuenir en Picardie
Mais il se void fort estourdy
Ce Mazarin peste & enrage,
D'auoir receu vn pied de nez
Habillement ployé bagage,
Car beaucoup l'ont abandonnez.
   Il est la cause que les Princes
Sont en discord auec le Roy,
Il trouble toutes les Prouinces
Mettant le peuple en desaroy,
Ce Mazarin, &c.
   A nos Gouuerneurs des Frontieres,
Enfin deffence on leur a fait
De retenir ce temeraire,
Si ce n'est pour mettre au gibet
Ce Mazarin, &c.
   Aux mauuais François qui l'asiste
A ses Conseils impertinent,
Ont leurs commendent qui le quite,
Sur peine de grands chastimens
Ce Mazarin, &c.
   Faut-il que des gens de courage
Se mettent sous la suiettion
D'vn homme qui pour tout potage
N'est qu'vn coquin & qu'vn Fripon,
Ce Mazarin, &c.
   Au Pape & aux grands de l'Europe,
Son Altesse leur a escrit
Le suiet comme il si comporte
Contre ce pernicieux esprit
Ce Mazarin, &c.
   Par tout le Parlement de France
Des Arrest ont pareillement
Donné contre cette Eminence
Ce faquin & cét ignorant,
Ce Mazarin, &c.
   Villes bourgs & aussi villages
Prenez tous les armes hardiment
Sur son corps faites des descharges
De fusils mousquets promptement
Le tocsin sonnez d'allegresse
Puis que voyez le Parlement,
Qui est ioint auec son Altesse,
Mettez ce Iule au monument.
   Ceux qui apporteront sa teste
Bonne resconpense ils auront
Paris leur fera bonne feste
Tous les François les cheriront
Ce ne sera que resiuoïssance
Car n'y aura plus tant d'Impots
Dedans les Enfers cette engeance
Ira droit & tous ses suppots.

     F I N.

LES GRANDES RODOMONTADES DE IVLES

Mazarin, qui fait contre les François pour l'Arrest que l'on a donné dernier contre luy.

LES GRANDES RODOMONTADES DE IVLES
Mazarin : *Sur le chant*, Ie veux à coups de Sabres.

Tost viste mon espée,
Mon casque promptement,
Que ie mette en fumée
Dedans vn seul moment,
Les Parisiens sans doute, Fa la la,
Et du bruit de ma voix

Ie faix peur aux François.
Dés alors que ie marche
Fais trembler l'Vniuers,
D'vn doigt le Pont de l'Arche
Ietteray dans Anuers,
Ie veux à coups de pommes, Fa la la

C

En cendre les Normands
Mettre par les Flamands.
  De mon vent femmes & filles
Ie feray abismer,
Moy Mazarin habille
Ma Cour feray piuer
De testes d'Harengeres, Fa la la
Des os des Bordelois
I'en feray mon Palais.
  De mon regard se tuë
Quantité de soldats,
Ie fais fendre les nuës,
Ie gaigne des Combats,
D'vne de mes paroles, Fa la la
Ie feray de Conty
Fuyr & tout son party.
  Condé voyant mon ordre
Viste il se cachera,
Les Cloches feray fondre
Enfin tout bruslera,
De mon bras veut abbatre, Fa la la
Le Palais par fureur
Quand seray en chaleur.
  Par la Samaritaine
Feray venir la mer,
Dedans vne Balaine
Paris vont emporter
De ma calotte Rouge, Fa la la
Ie veux les Mariniers
Faire tous foudroyer.
  Tous les ruisseaux des ruës
Alors que i'entreray
Dedans les auenuës
Dans le sang baigneray
Du peuple trop rebelle, Fa la la
Qui se deffendera
Et sur moy tirera.
  Ie veux par grand' prudence
Qui m'otte son Chappeau,
En voyant ma presence
Il dira de nouueau
Voilà le Roy des hommes, Fa la la
Il est en grand credit
C'est par son bon esprit.

  Mes Soldats ie vous iure
Se font de grands Baudets,
Leurs mousquets chose seure
Sont manches de balets,
Ils ont pour bandoüillier, Fa la la
Des boyaux de pourceaux
Montez sont sur des Veaux.
  Mes canons de Campagne
Sont nauets & poireaux,
Quatre gros chats d'Espagne
Les braquent deuant Meaux,
La pouldre qu'ō les chargent, Fa la la
Est de plure de noix,
Les boulets sont des poix.
  Les rouës sont fait de cartes
Mes bombes sont d'osier,
Tirant elles s'escarres
Mais ce n'est que papier,
Mes petites grenades, Fa la la
Se font des gros marons
Pour ietter dans Chaalons.
  Mes Cheuaux de Batailles
Se font des Singes vert,
De grandes pierres de tailles
Mangent mesme le fer
Quand ils sont en colere, Fa la la
Mettent en poudre les Tours
Tant les nuicts que les iours.
  Voilà la belle armée
Que i'ay pour le certain,
Elle est bien composée
Moy Iules Mazarin,
Enfin i'en suis le Maistre, Fa la la
Et vaillant General
Comme vn grand animal.

F I N.

Quatrain sur les Rodomontade de
        Mazarin.

Iules, vous meritez que l'on vous donne
De la loüange, & de l'honneur,
Alors qu'où ne voyez personne
Vous vous battez d'vn tres-grand cœur.

CHANSON NOVVELLES,

du voyage & départ des Parlement de France vers leurs Maiesté, sur le chant, Qui n'aime pas dorimene, &c.

REsiouïssons nous bons François,
Dieu nous veut donner la Paix,
Iesus Christ par sa clemance,
Met les mutins aux affroys,
Et l'on connoit l'Innocence,
De nos Princes à ceste fois.

Le Cardinal Mazarin,
Ce perfide & ce mutin,
Est entrée dedans la France,
Mais l'Ilustre Parlemens,
Luy ont fait vne Sentence
Qu'il soit mis au monument.

Puis nos braues députez
S'en vont vers leurs Maiesté,
Tous les Parlemens de France
Se sont ioints a cette fois
Demandans que l'Eminence
Soit reduit aux abois.

Alors nostre bon Roy
Respondit a haute voix
Ie vœux r'auoir tous mes Princes
Et pour le plus court chemin
Ie vœux mettre en decadence,
Le Cardinal Mazarin.

Lors le Prince de Condé
De grande ioye il fut comblé
Et son Altesse Royalle
D'aise il fut tout rauy
Sçachant que le Roy & nos Princes
Viendront bien-tost dans Paris.

Mais pour chasser leur chagrin
Lors le petit Duc d'Enguin
Dit que l'on m'apporte a boire
Car ie sçay bien le moyen.
Mais que i'aye ma bonne espée
Ie tueray bien Mazarin.

Nos Messieurs du Parlement,
Sont satisfaits & contens
Crient tous d'vne voix haute
A la chasse a Mazarin
Nous auons veu la clemence
De nostre Roy tres-benin.

Beuuons tous a cette fois
Puis que nous aurons la paix,
Les Monopoleurs de France
Auront perdu leur procez
Sus compagnons prens ton verre
Et crions Viue le Roy. FIN.

CHANSON NOVVELLE,

du bout-treuble de Mazarin: Sur le chant, Laissez paistre vos bestres.

GAston iamais ne faut souffrir,
Iules dans Paris restablir,
Ny reuenir,
Faux mieux mourir,
Au milieu des alarmes,
Grand Prince fidelle Frondeur,
Prenons en main les armes,
Monstrons nostre valeur:
Parisiens qu'on s'apreste
On dit que Mazarin reuient
Luy faut coupper la teste
Ou nous ne valons rien.

N'entendons nous pas de Condé,
De ce grand Gaston secondé
Et redouté Qui a Frondé,
Dessus cette Eminence
Ce peruers & Perturbateur,
Qui a mise tout la France
En grand trouble & mal-heur;
Parisiens qu'on s'apreste, &c.

N'a-t'il pas assez de mal,
Au Diable soit du Cardinal,

De l'animal, & du Cheual.
Souffrirez-vous Simonne,
Que cét enragé Mazarin,
Vienne encore en perſonne
Nous encherir le pain,   Pariſiens, &c.
   Nany nany, mercy ma foy,
Nous nous en irons plaindre au Roy,
Si tu me croy, Gillette & moy:
Si viendra la grand' Ieanne,
Auec ma Commere Alizon,
Et Perette & Dame Anne,
Fera bien la leçon,   Pariſiens, &c.
   N'a-tu pas oüy dire à Paris,
Qu'on a mandé ce fauory
Pour reuenir, bien-toſt icy;
Il eſt ainſi Robine
Prens comme moy ton couperet,
Et toy Dame Martine,
Le manche du balet.   Pariſiens, &c.
   Armés-vous donc braue Beaufort,
Sus monſtré vous noſtre ſupport,
Et reconfort a cét abord,
Reprenez voſtre Fronde
Nous en auons tous grand beſoin,
Il faut que tout le monde
Vienne la Fronde au poing, Pariſiens,
   Et vous braue Coadiuteur,
Soyez noſtre bon protecteur
Et vray Frondeur, Dans ce mal-heur,
Vous faut ce meſchant homme,
Mettre s'il reuient au tombeau
Ce poſtillion de Rome,
Ce badin & maraut,   Pariens, &c.
   Retirez-vous Monſieur d'Elbeuf,
Vous auez eu vn habit neuf,
Et par noſtre adueu, de fort bó Bœuf,
Gardez voſtre eſquipage
Et conſeruez bien voſtre train,
Car de voſtre courage
Nous n'auons pas beſoing, Pariſiens.
   Et prions tous noſtre Seigneur
De nous ſauuer en ſa faueur,
De ce voleur, grand Impoſteur,

Et qu'en pref il enuoye,
Dedans l'Enfer ce Mazarin,
Et puis en toute ioye,
Nous boirons de bon vin,
Pariſiens qu'on s'appreſte
On dit que Mazarin revient
Luy faut couper la teſte
Où nous ne vallons rien.

F I N.

Chanſon qui ſe chante à la Cour & dedans l'Armée de Monſieur le Prince: Sur vn chant Nouueau.

CArdinal Mazarin,
Veut tu pas prendre fin,
Et t'en aller au diable auec tout ton train,
Laiſſe-là les François en paix,
Et auſſi tous nos Princes,
Retournant dans ta Prouince.
   Tout chacun dans Paris,
De toy fait grand meſpris,   (prix:
Iulles le Parlement ta teſte a miſe à
Iamais ne pretend reuenir,
Va-t'en deſloyalle homme,
En t'on Palais qui eſt dans Rome.
   Tu eſcrit à Gaſton,
Eſt tu hors de raiſon,
Croit tu gaigner ce vaillant Prince de Bourbon,
Il eſt trop ſage & trop courtois,
Pour ſe laiſſer ſurprendre,
Mazarin il te fera pendre.
   Toy & tes Allemans,
Vous faittes les mouuants,
Malgré eux tu ſeras ſurpris de tous nos gens,
Fuyt t'en voilà le Grand Beaufort,
Qui s'en va en Campagne,
Il veut ta teſte à perte ou gaigne.
                                        Tes

de Mazarin.

Tes Noueeaux Mareschaux,
Te feruent de Bourreaux,
Pour nous, nous auons de fidelles Generaux,
Iamais n'ont esté Mazarins,
Dans le cœur de la France,
Surprenderont ton Eminence.
   Va le Masque est leué,
Tu te peut bien sauué,
Tu n'auras pas loisir de dire vn Aué,
Gaston va faire ses Soldats,
Marcher en tres-bonne ordre,
C'est pour te mieux mettre en desordre.
   Tu fais le Rodomond,
Mareschal d'Hoquincour,
Tu le r'ameine en Cour,
Mais les Parlemens te ioueront vn mauuais tour,
Si il te peuuent attraper,
Ta teste sans nulle tréve,
Te ferons mourir dans la Gréve.
   Tu supporte vn Coquin,
Vn traistre Mazarin,
Tu le r'ameine en France auec tout son train,
Ne deuroient tu pas bien songer,
Qu'il a mis les Prouinces,
En discord auec les Princes.   FIN.

✿✿✿✿✿✿✿✿✿

CHANSON NOVVELLES,
*de l'entrée de Mazarin en Frances,
sur le chant*, Robin est d'vmeur
gentil, &c.

Mazarin est honneste homme
Et d'vn bon maintien
Il est arriué de Rome
Il nous veut du bien,
Il dit qu'il fera ramené
Tout ce qu'il nous a pillé,

Il est entré dans la France
Pour nous asseurer
Qu'il rapporte les pistolles
Qu'il nous a volé
Il vient demander pardon
A ce Monarque si bon.
   Il promet a la Rochelle
Et aux Bourdelois
Et a Messieurs de Brouage
Qu'ils auront la Paix
Pourueu qu'il soit asseuré
Auprés de sa Maiesté.
   Le Parlement de Prouence
Ils luy ont promis
Que s'il entre leurs terres
Ils le feront perir
Et le donneront a manger
A leurs grans chiens affamez.
   Le Parlement de Grenoble
Luy ont protesté
Qu'ils ont fait vne grande chaisne
Pour bien l'enchaîné
Et pour le recompensé
Il le feront escorché.
   Tous les Bourgeois de Thoulouse
Iurent en verité
Qu'ils ont desia pris les armes
Pour le bien froté
Et s'ils le peut attrapé
Ils le sçauront bien traitté.
   Il voudroit chose asseurée,
Venir dans Paris,
Il a peur que son Altesse
Le fasse mourir
Et Monsieur de Beaufort
Qui le hayt iusqu'à la mort.
   Mazarin fera penitence
Pour deuenir bon,
Il aura son hermitage
Dessus mon faucon
Ce grand Prince de Condé,
Viendra pour le Consolé.
   Ayant dit son In manus,

d

Aussi son Salué
L'on verroit le pauure Iule
Qui seroit attaché
Mais sçachant la verité,
Il n'a garde d'approché. FIN.

❦❦❦❦❦❦❦❦❦❦

Chanson d'vne Poictevine Amou-
reuse de Mazarin: *Sur le chant,* Ma
Mere donnée moy vn Mary, &c.

MA Mere il faut marier,
Ma Mere il me faut marier,
Car Mazarin est arriué,
I'ay promis à ce drolle,
Que ie desir l'espouser,
Pour auoir ses Pistolles.

Ma fille il nous vient d'esfroyer bis.
Par tout le monde il a volé,
Ce meschant personnage,
L'autre iour ie le vis passez,
Monstez en Iean fromage.

Ma mere il a bien de l'argent, bis.
Il est Seigneur haut & puissant,
Ie feray Damoiselle :
Ayant mis plusieurs fois ma main,
Dedans son escarselles.

Helas ma fille il est bien fin, bis.
Ie sçay qu'il a bien des moyens,
Et si ie croy qu'il m'ayme,
Il est venu iusques a Poictiers,
M'apporter mes estreines.

Ma fille que vous a-t'il donné, bis.
Vn beau bouquet m'a presenté,
Et encor d'auentage,
Il m'a offert son Paroquet
Pour mettre dans ma Cage.

Ma fille il vous le faut quitter, bis.
Et tous les presents refusez,
Quoy qu'il ayt bonne mine :
Car si vous l'auiez espousez
Vous seriez Mazarine.

Ma mere vous auez grand tort, bis.
Vous sçauez que ie l'ayme fort,
Il a mon pusellage,
Et sçachez que ie sçay fort bien
loüer mon personnage.

Meschante si tu l'auois pris, bis.
Mazarin ie ferois mourir,
Au bout d'vne Potence,
Ne parlons plus des Mazarins,
Se font maudit engence. FIN.

❦❦❦❦❦❦❦❦❦❦

*Les regrets de Monsieur de Bitault
Deputé du Parlement de Paris, se
voyant pris par Mazarin,* Sur le
chant, *Puis que le monde n'est que
vent, &c.*

QVel regret i'ay dedans l'ame
Me voyant pris de Mazarin,
I'ay peur que ce traistre inhumain
Me mette sous la froide lame,
Où ce malheureux d'Hocquincour
Qui me tient captif nuict & iour.

I'alois empescher son passage
Par l'ordre du grand Parlement,
Il m'auoit choisi humblement
Et Gaston ce Prince tres-sage,
Mais ie fus surpris d'Hocquincour,
Qui me tient captif nuict & iour.

Du Coudray en grand' diligence,
Monta à cheual hardiment
Et moy aussi pareillement
Pour empescher cette Eminence
Qui cause le trouble à present
De la France entierement.

Nous allions tous deux faire rompre
Vn pont où il deuoit passer,
De ses gens nous fusmes attaqué
Qui s'enuinrent dessus nous fondre,
Et le malheureux d'Hocquincour,
Qui me tient captif nuict & iour.

Ce grand Coudray braue courage,
Ce batit genereusement,
Et moy aussi semblablement
Voulant empescher ce passage
Mais ie fus surpris d'Hocquincour,
Qui me tient captif nuict & iour.

Dedans cette rude vergongne
Son cheual il eut tué sous luy,
De prés il se vid poursuiuy
Iusques dedans Sens en Bourgongne
Par ce malheureux d'Hocquincour,
Qui me tient captif nuict & iour.

Dans cette sanglante meslée
L'homme de Chambre fut blessé
De cet honneste Deputé
Qui sa vie à tant hazardée
Pour le peuple oster de tourment
Le seruant tres-fidellement.

Ce courage tres-inuincible
Ce Valet de Chambre vaillant,
Quoy qu'il en est tout en sang
Pour son Maistre il fit son possible,
Tout blessé il mit hardiment
Vn Crauate au monument.

Auecque grande ignominie
A present ie me void traitté
Ie suis mis en captiuité
Par ce monstre de l'Italie,
Et ce malheureux d'Hocquincour,
Qui me tient captif nuict & iour.

C'est t'il iamais veu dans la France
Vn Conseille du Parlement,
Traitté si rigoureusement,
Mais Dieu en aura la vengeance
Contre le traistre d'Hocquincour,
Qui me tient captif nuict & iour.

FIN.

LES A-DIEVX DE MONseigneur le le Duc de Beaufort à son Altesse Royalle & a plusieurs personnes de condition : Sur le chant, Pourquoy cher Celladon.

ADIEV braue Gaston,
Mon grand Prince tres-bon,
Ie vais en vostre absence
Batailler vaillamment,
C'est pour oster la France,
De peine & de tourment.

Puis que m'avez esleu,
Et aussi reconnu,
Pour vn Prince fidelle,
Ie vais dans les combats
Pour vous faire merueille,
Auecque mes soldats.

Duchesse d'Orleans.
Ie vous dis humblement,
Adieu grande Princesse
Adieu Duc de Vallois,
Le support & liesse,
De tous les bons François.

Adieu d'affection,
Marie de Bourbon,
Adieu illustre Dame,
Ie m'en vais pour certain,
Dessous la froide lame
Mettre le Mazarin.

Adieu ma chere sœur,
Ie m'en vais d'vn grand cœur
Pour oster les Prouinces
Hors de captiuité,
Secourant tous les princes
De bonne volonté.

Adieu parisiens
Qui m'offrez tous vos biens,
En regrets ie vous quitte:
Pour vous ie veux mourir,

Auec toute ma suitte
Mazarin veux punir.
　Adieu mes chers amis,
Adieu aussi Paris,
Adieu Seigneur & Dames:
Le palais d'Orleans,
Ie quitte auec larmes
Et ceux qui sont dedans.
　Adieu Grand parlement,
Tres-sage & tres-prudent
Par grande reuerance
De vous ie prend congé:
Et m'en vais d'asseurance
Le peuple soulager.
　Pour mon Roy, & l'Estat
Comme vn vaillant Soldats,
Ie veux perdre la vie:
Moy Grand Duc de Beaufort
Pour ma bonne patrie
Vais faire grand effort.
　Ie prie nostre Sauueur
Que ie sois le vainqueur
Dessus ce temeraire:
Mal-heureux Cardinal
Qui a dessus la terre
Causé par tout du mal.　　FIN.

LA MARCHE DE MES-
sieurs les Princes & Seigneurs de France pour l'entourement de Mazarin : *Sur le chant*, Et Turlu-tu tu-tu, &c.

SOldats chacun s'appreste,
Allons suiure Beaufort,
Tenons nos armes preste
Pour reduire à la mort
Mazarin ce perfide,
Et tous ceux qui le guide,
D'Hocquincour ce meschant,
D'Aumont, & Manicamp.
　Il va suiure les ordres
Du grand Duc d'Orleans,
C'est pour mettre en desordre
Mazarin & ses gens:
Tant de braues gens d'armes,
Sont desia sous les armes,
Courageux & dispos
Pour aller aux assauts.
　Ce Prince débonnaire
Ce vaillant de Condé,
Contre ses aduersaires
De Dieu est secondé,
Il fera voir sa vaillance
Contre cette Eminence,
Ce meschant animal
Qui cause tant de mal.
　Conty Prince tres sage,
Et Marsillac aussi,
D'vn genereux courage
N'ont point d'autre soucy
Que de chasser les traistres,
Seruir le Roy leur Maistre,
Et oster maintenant
La France hors de tourment.
　Ce Prince tres-agile
Ce grand Duc de Nemours,
D'vne façon subtille
D'vn cœur rempy ld'amour,
Il veut mettre en poussiere
Ce meschant temeraire
Malheureux Cardinal,
Qui cause tant de mal.
　Le Duc d'Oygnon en teste,
Et Monsieur de Marsin
Te vont faire la feste
Rudement Mazarin:
Rohan à l'aduantage
Te bouchant le passage
Il te faut maintenant
Faire ton Testament.
　Enfin dans la Ratiere
Tu és pris comme vn Rat,
Condé va dans la bierre

Te mettre scelerat,
Beaufort chose certaine,
Et le Duc de Lorraine
Vont r'entourer tous deux
Perfide malheureureux.
 Desplore ta misere
Pauure Sicilien,
Tu ne viuras plus guerre
Au despens de nos biens;
Ton or ny ta Finance
N'ont aucune puissance,
Iules il te faut mourir,
Tes pauures iours finir.
 Prions Dieu qu'il maintienne
Le Roy nostre support,
Et aussi qu'il r'ameine
Monseigneur de Beaufort,
De luy ayons memoire
Il aura la victoire
Contre tous ces mutins
Insolens Mazarins. FIN.

LE D'EPART DE MONsieur le Duc de Beaufort pour aller entourer Mazarin: *Sur le chant*, Pasiens qu'on s'apreste, &c.

Gentils-hômes d'vn bon accord,
Allons auec ce grand Beaufort,
Nostre support,
Et reconfort :
Il va oster la France
Hors de peyne & captiuité
Suiuons en diligence
Ce Prince redouté:
Il faut aller en guerre
Braues Soldats suiuons Beaufort,
Deffendons nostre terre
Car Mazarin a tort.
 Il faut desroüiller nos mousquets,
Nos fuzils & nos pistolets,
Nos corcelets,
Tenons nous pres :
Prend donc ta Carabine
Frere Nicolas promptement
C'est pour mettre en ruyne
Mazarin trop meschant, Il faut, &c.
 Voisin Pierre prend ton Fleau,
Il faut retroussé ton Chappeau
Iusques au couppeau,
De ton cerueau,
Pour luy casser la teste
A ce Cardinal Mazarin,
Sans faire d'autre enqueste
Car il est trop mutin, Il faut, &c.
 Taitigué qu'il est effronté
C'a dit Christophle l'edenté,
Et l'euenté
Faut le frotté,
Il emmene nos Vaches,
Nos moutons aussi nos brebis,
Faut que son poil i'arache
S'il reuient à Paris : Il faut, &c.
 Morquoy Eustache prend ta Faux,
Pour le mettre sur les carreaux,
Et ses Boureaux
De Generaux,
Qui le r'ameine en France
Pour nous acheuer de ruyné
Il faut en asseurance
Bien-tost l'exterminé, Il faut, &c.
 Du grand Beaufort Prince vaillant
Mettons nous de son Regiment,
Habillement
Maistre Clement,
Allons nous le faut suiure
Monstrons que nous auons du cœur
Nous mourir & viure
Auec ce bon Seigneur, Il faut, &c.
 Il nous a succé iusqu'au os
Par les Tailles & les impots,
Par ses suppots
Mal apropos;
C'est pourquoy Maistre Blaise

Courir viste nous faut dessus
Coupons sa teste Ambroise
l'en aurons des escus : Il faut, &c.
  Mordienne dit Iean sans deffaut
Ie feray bien faire le saut,
A ce maraut,
Et ce nigaut :
Il a tout pris nostre orge,
Nos auoines & nos fromens ;
Faisons luy rendre gorge
Et a ses Allemans, Il faut, &c.
  Combattons tous auec Beaufort,
Ce Mazarin mettons d'abord,
Par grand effort
Viste à la mort,
De peur qui ne reuienne
Encor plus puissant que iamais,
Dieu nous donne maintienne
Vne durable Paix,
Il faut aller en guerre
Braues Soldats suiuons Beaufort :
Deffendons nostre terre,
Car Mazarin a tort. FIN.

DIALOGVE DE LA FRANCE parlant à la Paix : *sur le chant*, Adieu donc belle Aminte, &c.

Douce paix que retarde tu ?
N'a-tu pas pitié de nos peines,
Pourquoy ne rôpt-tu pas les chaisnes
Dont nous sommes ainsi retenus,
Extermine la guerre,
Prend soing de nos malheurs
Retire de la terre,
Ceux qui causent nos pleurs.
  De Mars l'on void les Estandars
Esleué dessus nos murailles,
Le bruit des lugubres batailles
Sont entendus de toutes pars,
Extermine la guerre, &c.

Souffre-tu que ton Oliuier
Qui autre fois fait en Couronne,
Triomphoit de Mars & Bellonne
Soit surmonté par leurs Lauriers,
Extermine la guerre, &c.
  En tous lieux l'on void le Dieu de Mars,
Porter le flambeau de la guerre ;
Les peuples de toutes la terre
Se rangés sous ses Estandars :
Extermine la guerre, &c.
  L'on void ce Iules Mazarin
A la queuë de son Armée,
Faire exalter sa renommée
Tournant les talons en faquin :
Extermine la guerre, &c.
  L'on void les Autels abbatus
L'on a cessé le sacrifice,
L'on se mocque de la Iustice,
Et l'on se rit de la vertu,
Extermine la guerre, &c.
  Laisse-toy ô paix esmouuoir,
Et ne souffre plus nos miseres,
Exauce nos longues prieres
Et monstre encore ton pouuoir,
Extermine la guerre,
Prend soing de nos malheurs
Retire de la terre,
Ceux qui causent nos pleurs.
  FIN.

LE COVRIER D'ANGERS apportant toutes sortes de Nouuelles : *Sur le chant*, Amy qu'on se resveille.

Courier trés-debonnaire
Toy qui reuient d'Angers,
Conte-moy les affaires
Que font nos bons Guerriers,
Contre cette incommode

Cardinal tres-meschant,
Qui fait tout comme Herodes
Mourir les innocens.

Dans Angers bonne Ville
Le Grand Duc de Rohan,
D'vne façon habille
Vaillamment ce deffend,
Et ce bat fort & ferme
Tant la nuict que le iour.
Ne craignant point l'allarme
De Monsieur d'Hoquincour,

A t'il donné l'attaque
Ce Monsieur d'Hoquincour,
De ce lieu de remarque
A t'il pris le faux-bourg,
A son desauantage
Monsieur il le l'a pris,
Dans ce furieux carnage
Son fils a mort fut mis.

Les Bourgeois trés-ciuilles
Ce deffendent t'ils bien,
Les femmes & les filles
Ont t'elles armes en main ;
Ouy Monsieur d'asseurance
Pour seruir nostre Roy,
Elles ce mettent en deffence,
En belle ordre & arroy.

Des coups de Canonades
Tirent t'ils bien souuent,
Les coups de mousquetades
Vont elles rudement,
Ouy Monseigneur sans cesse;
Dessus les Mazarins,
Rohan plain d'hardiesse
Repousse ces mutins,

Fait t'il faire sortie
Ce grand Duc genereux,
D'y le moy ie te prie
Sur ces seditieux,
De la sortie derniere
Qu'il fit dessus Grancé,
Son fils fut dans la biere
Mis, & luy bien blessé.

Le Faux-bourg en grand haste
Ont t'ils abbandonnez,
Auecq vne grand' perte
S'en sont t'ils esloignez,
Ouy ie vous le proteste
Pour eux tout va bien mal,
Car d'Hoquincour deteste
Contre le Cardinal.

A t'il quitté les armes
Ne commande t'il plus,
Dedans ces rudes allarmes
Voyans ces gens battus,
Non, plus il ne commande
Car il c'est retiré,
D'vne tristesse grande
Voir son fils enterré.

Manquent t'ils point de viure
Se sont t'ils bien munis,
Le Canon font t'ils suiure
Auecq eux au pays,
Ny Canon ny bagage
Ils n'ont aucunement,
Ny poudre & esquipage,
Ny de pain mesmement.

L'on tient qu'il brusle & vole
D'vne estrange façon,
Les femmes & les filles viole
Et les prennent à rançon,
Monsieur n'y a point d'ordre
Car tout leur est permis
De faire ce desordre
Sans qu'aucuns soient punis.

Dieu en prendra vengeance
Braues Courrier d'Angers,
Punira l'insolence
De tous ces meurtriers,
Adieu d'Amour fidelle
Humblement ie te dis,
Va porter ces nouuelles
A Messieurs de Paris.

Monsieur en diligence
Ie m'en vais promptement,
Ce paquet d'asseurance

Porter asseurement,
A Monsieur son Altesse
Aussi au parlement,
Qu'il enuoye en vitesse
Du secours a Rohan.　　F I N.

LES REGRETS DV FILS
du Mareschal d'Hoquincour qu'il
a faict auant sa mort d'auoir pris
le party d'vn Mazarin, *Sur le chant,*
Chassant le long d'vn bois, &c.

COLONEL Officers,
A l'attaque d'Angers,
Moy Seigneur de remarque,
Pour vn traistre coquin
Perfide Mazarin,
Ie suis mis dans la parque.
　Pour l'auoir soustenu,
I'ay esté abbatu
D'vn coup de Canonade,
Qui me pris par le corps,
Me mis au rang des morts,
Proche la barricade.
　Que i'estois malheureux,
De me mettre de ceux,
Qui tiennent l'iniustice,
Suiuant d'vn sort fatal
L'Ordre du Cardinal,
Et sa noire malice.
　Si mon pere m'eust creu,
Il n'auroit pas receu
L'ordre Cardinaliste,
Tous ceux là qui en sont,
De mesme periront,
Si bien-tost ne le quitte.
　Faut-t'il qu'vn ieune enfant
Soit mis au momument
Dés sa tendre ieunesse,
Las! que n'ay-ie seruy,
Et de bon cœur suiuy

L'ordre de son Altesse.
Son party est tres-bon,
Il a iuste raison
De soustenir la France,
Le peuple mesmement,
Comme vn prince vaillant
Et remply de Clemence.
　Quel regret dans le cœur,
Quelle triste douleur
Receura ma mere,
Sçachant la triste mort
De son grand reconfort,
Et son fils débonnaire.
　Las! mon corps est couppé
En deux quelle cruauté
Que ce mal m'est sensible,
Faut-t'il pour vn meschant
Que souffre ce tourment,
Celà m'est bien horrible.
　Ie n'ay consolation
En aucune façon,
Dans ce lieu de mon pere
Du feu incessamment
Les Bourgeois hardiment,
Font d'estrange maniere.
　Quel regret dans la Cour
On reçoit a ce iour
Sçachant ma mort funeste,
Plusieurs braues Officiers
Comme vaillans Guerriers,
De sa mort en deteste.
　Si ie meurs en regret
I'en ay iuste suiet
Car le mal tant m'oppresse,
Qu'il me conuint mourir
Sans auoir le loisir
Qu'a Dieu ie me Confesse.
　Mareschal d'Hoquincour,
Et vous Comte d'Harcour,
A cecy prenez garde,
Car pour vous conseruer,
Il vaut mieux renoncer
A la Mazarinade.

Le Comte de Grancé
Aussi fut t'il blessé
prés d'Hoquincour le ieune,
Pareillement son fils,
Dans le tombeau fut mis
Sans assistance aucune.
Que de sang respandu :
Que de monde perdu
En tous lieux & rencontre,
Et par la void on bien
Qu'en suiuant Mazarin,
On aura malencontre.

F I N.

CHANSON NOVVELLES,
sur l'Vnion des Princes qui vont
donner la chasse au Mazarin, *Sur le chant*, Nous auons la Rochelle,
Tin, tin, &c.

Viue Gaston, Beaufort & Condé,
Viue Gaston, Beanfort & Cõdé,
Amys nous les faut secondé, bis
Puis qu'ils ne font la guerre,
Tin, tin, ferlin, tin, tin, tin, tin,
puis qu'ils ne font la guerre
Qu'à Iules Mazarin.

Nemours, Longueuille & Conty, b.
Veulent maintenir leur party, bis
Et maintiendront la guerre,
Tin, tin, ferlin, tin, tin, tin, tin,
Et maintiendront la guerre
Contre le Mazarin.

Nous auons huict milles Lorains, b.
Qui s'en vont trouuer Mazarin, bis
Esperant que sa teste
Tin, tin, ferlin, tin, tin, tin, tin,
Esperant que sa teste
Ils auront pour certain.

Les Crauattes & les Allemans, bis
Se retireront promptement, bis
Lors qu'ils verront la guerre
Tin, tin, ferlin, tin, tin, tin, tin,
Lors qu'ils verront la guerre
Contre ce Mazarin.

Le fils d'Hoquincourt à Angers, b.
Y a bien trouué le d'anger, bis
Il ne fera plus la guerre
Tin, tin, ferlin, tin, tin, tin, tin,
Il ne fera plus la guerre
Pour Iules Mazarin.

Son pere voyant le mal-heur, bis
Il s'est retiré de bon-heur, bis
Il craignoit que sa teste,
Tin, tin, frelin, tin, tin, tin, tin,
Il craignoit que sa teste
Sautast pour Mazarin.

Senecterre, d'Aumõt, & d'Elbœuf, b.
Vous venez manger nostre bœuf, bis
A Condé débonnaire
Tin, tin, frelin, tin, tin, tin, tin,
Venez ruyner ses terres
Tandis qu'il est bien loing.

Au tombeau quatre milles a mis, bis
De vos plus grands Mazarines, bis
C'a vous met en colere
Tin, tin, frelin, tin, tin, tin, tin,
C'a vous met en colere,
Et Iules Mazarin.

Beaufort son bagage il a pris,
Beaufort son bagage il a pris,
Son or & argent a surpris,
Son or & argent a surpris,
Dont il s'en desespere
Tin, tin, frelin, tin, tin, tin, tin,
Dont il s'en desespere
Ce traistre Mazarin.

Nous faut donc fidelles François, b.
Prier Dieu pour nostre bon Roy, bis.
Et qu'en bref il reuienne,
Tin, tin, fredin, tin, tin, tin, tin,
Et qu'en bref il reuienne
Malgré Iules Mazarin.

F I N.

DIALOGVE DV MAZARIN & de la Fronde; *Sur le chant*, De la Fronde mesme.

Mazarin.

ENfin malgré nos aduersaires
Amys nous voicy de retour,
Vne trouppe de Ianissaires
M'escorteront iusqu'à la Cour:
Et vous verrez mon Eminence
Recommencer la manigance
Pour attraper l'argent du Roy,
Ie vous le iure sur ma foy.

La Fronde.

Cardinal à la teste Folle,
N'as-tu point quelque caution,
On n'estime point la parole,
D'vn sot, d'vn fourbe & coyon:
Et sçache aussi que tous nos Princes
Les Parlemens & les Prouinces,
Se sont tous vnis du party
De Gaston, Condé & Conty.

Mazarin.

Que tout s'arme, que tout s'apreste
Pour voir Mazariny destruit,
Ie suis bon cheual de trompette,
Qui ne m'estonne point du bruit,
Et vous verrez mon Eminence, &c.

La Fronde.

Que tu sois cheual ou bardache
Si tu ne regagne le Rhin,
Ie te friseray la moustache,
Ou t'enleueray tout ton crin,
Et sçache aussi que tous nos Princes,
Les Parlemens & les Prouinces, &c.

Mazarin.

I'ay de bons passeports en somme
Que i'estime plus asseurez,
Que toutes les Bulles de Rome,
Donnees pour nos Tonsurez,
Et verrez mon Eminence, &c.

La Fronde.

Ton r'appelle n'est que trop iniuste
Bien qu'il soit extorqué du Roy,
Ta condamnation est iuste,
Le Canon fait garder la Loy,
Et sçache aussi que tous nos Princes,
Les Parlemens & les Prouinces, &c.

Mazarin.

Pour passer la Loire où la Seyne
Ie m'en vay faire vn grand effort,
Mais que ie sois près de la Reyne,
Ie seray tousiours le plus fort,
Et vous verrez mon Eminence, &c.

La Fronde.

Gaston, & le Duc de Lorraine,
Beaufort, Nemours ces grands Frondeurs,
Destruirons c'est chose certaine,
Au passage tous tes voleurs,
Et sçache aussi que tous nos Princes
Les Parlemens & les Prouinces
Se sont tous vnis du party,
De Gaston, Condé & Conty.

F I N.

LES REMONTRANCES de Mademoiselle Marie de Bourbon à son Altesse Royalle son Pere, pour le soulagement du pauure peuple: *Sur le chant*, Ie suis le plus heureux Berger, &c.

ILlustre Prince redouté,
Illustre Prince redouté,
Mettez hors de captiuité,
Le peuple de la France,
Tous les iours il vous tend les bras,
Donnez luy allegeance.
Il vous ayme si tendrement, *bis.*

C'eſt pourquoy vous faut maintenāt
L'hoſter hors de ſouffrance,
Tous les iours il vous tend les bras
Donnez-luy allegeance.

Dans le combat voudroit perir, b.
Pour vous grand Prince veut mourir,
D'vne grande vaillance,
Tous les iours il vous tend les bras,
Donnez-luy allegeance.

Faut-il que pour vn Cardinal, bis.
La France ſouffre tant de mal
Dieu en aura vengeance,
Les François vous tendent le bras
Donnez-leur allegeance.

Combien en a-t'il au tombeau, b,
Fait mettre & deſſus le cerreau
Par ſa laſche impudance,
Les François vous tendent les bras
Donnez leur allegeance.

Tout eſt ruyné entierement, bis.
Par le Conſeil de ce meſchant,
Et ſa noire arrogance.
Les François vous tendent les bras
Donnez leur allegeance,

Les Innocens patiſſent fort, bis.
Helas! combien en eſt-il mort
De pauureté en France,
Les François vous tendent les bras,
Donnez leur allegeance.

Chacun pouuez mettre en repos, b.
Pouuez rabaiſſer les Impots,
Les Tailles & Subſiſtances,
Les François vous tendent les bras
Donnez leur allegeance.

Faictes refleurir voſtre nom, bis,
Comme eſtant du ſang de Bourbon,
Monſtrez voſtre puiſſance,
Les François vous tendent les bras
Donnez leur allegeance.

Ie prie Ieſus le Createur, bis.
Que puiſſiez demeurer vainqueur
Contre vos aduerſaires,
Mon Papa monſtrez-vous Frondeur.
Contre ces temeraires. FIN.

NOVVEAVX TRIOLETS Frondeurs, Ou les Triomphes de la Fronde.

LEs iolis Triolets frondeurs
Par qui la Fronde eſt exaltée,
Car des plus grands Triomphateurs,
Les iolis Triolets frondeurs,
Et des plus ſuperbes vainqueurs
Elle ne fut iamais domptée,
Les iolis Triolets frondeurs
Par qui la Fronde eſt exaltée.

A ce grand Geant Philiſtin
Elle a ſceu abbattre l'audace,
Qui fut par vn bras enfantin,
A ce grand Geant Philiſtin
Elle fit rencontrer la fin,
D'vn coup le iettant ſur la place,
A ce grand Geant Philiſtin
Elle a ſceu abbattre l'audace.

Fut du petit Paſteur Dauid,
Qui apres fut Roy & Prphete,
Du Geant vainqueur il ſe vid,
Fut du petit Paſteur Dauid,
A qui vn grand bon-heur ſuiuit
Apres vne telle deffaitte,
Fut du petit Paſteur Dauid
Qui apres fut Roy & Prophete.

Il faut que dans nos Triolets
Noſtre Fronde ſoit bien priſée,
Ses coups vallent bien des boulets,
Il faut que dans nos Triolets,
Auſſi bien que des piſtolets
Elle a vne belle viſée,
Il faut que dans nos Triolets
Noſtre Fronde ſoit bien priſée.

Car nos bons François aguerris
Par le seul moyen de la fronde,
Auec elle ils font grand debris,
Car nos bons François aguerris,
Des morts, des blessez, des meurtris,
Faisát ranger tous ceux qui grondét,
Car nos bons François aguerris
Par le seul moyen de la fronde.

Ils ne veulent point pour fronder
Des casques & des cottes de maille,
Ne craignent point se hazarder,
Ils ne veulent point pour fronder,
On se plaist à les regarde
Victorieux dans ces chamailles,
Ils ne veulent point pour fronder
Des casques & des cottes de maille.

Si vous entendez vn bel air
La Fronde y sera esleuée :
Car ses coups vont comme vn esclair,
Si vous entendez vn bel air,
Et Beaucort ce grand Duc & Pair
fort agreable l'à trouuée,
Si vous entendez vn bel air
La Fronde y sera esleuée

Parisiens vous emporterez,
Sur tous les autres l'aduantage,
Et pendant que vous fronderez,
Parisiens vous emporterez,
Sans cesse l'honneur vous aurez,
Ne quittez donc pas le Frondage,
Parisiens vous emporterez
Sur tous les autres l'aduantage.

Nostre Froude vn temps a esté
Qu'elle estoit comme enseuelie,
Son Nom n'estoit plus esclatté,
Nostre Fronde vn temps a esté
Son honneur presque plus vanté,
Bref elle estoit comme abolie,
Nostre Fronde vn temps a esté
Qu'elle estoit comme enseuelie.

Souuent ce qui est abbatu
Glorieusement se releue :
Car nostre Fronde & sa vertu,
Souuent ce qui est abbatu,
Pourra vaincre le plus tenu,
Il faut donc que d'elle on se serue,
Souuent ce qui est abbattu,
Glorieusement se releue.

Viue le Monarque François,
Et sa Mere sage & pieuse,
Et de Beaufort Prince courtois,
Viue le Monarque François,
Et puis qu'on crie à haute voix,
Vine aussi la trouppe Frondeuse,
Viue le Monarque François
Et sa Mere sage & pieuse.

Frondeurs vos Noms seront grauez
Sur de l'or, non sur de la cire,
Car braues gens estes trouuez,
Frondeurs vos noms seront grauez,
Et vos Tombeaux mesmes esleuez
Sur pilliers de Iaspe & Porphire,
Frondeurs vos Noms seront grauez
Sur de l'or, non sur de la cire.

F I N.

TRIOLETS DE LA COVR,
Sur le sujet de Mazarin.

Laissé passer le Mazarin,
Il s'en va faire des merueilles
Auec son magnifique train,
Laissé passer le Mazarin,
Il dit qu'il s'en va pour certain
Mettre à raison tous les rebelles,
Laissé passer le Mazarin
Il s'en va faire des merveilles.

Puis qu'il a dont son passeport
Ne luy faictes aucune peine,
Qu'on ne luy fasse point de tort,
Puis qu'il a dont son passe-port,
Le passage ouurez luy d'abort,
Le Roy le veux aussi la Reyne
Puis qu'il a dont son passeport,
Ne luy faictes aucune peine.

Si vous le voulez mal-traicté
L'on vous prendera pour rebelles,
Allez le faut laissez pasé,
Si vous le voulez mal traicté,
Dans les Villages est redouté
Car ses actions sont tres-belles
Si vous le voulez mal-traité,
L'on vous prendera pour rebelles.

Quoy que sa teste est mise a prix,
Morbleu il ne s'en soucie guerre,
Il iure qu'il prendra Paris,
Quoy que sa teste est mise a prix,
De tous les Arrests fait mespris
Il s'en rit & donne carriere,
Quoyque sa teste est mise à prix,
Morbleu il ne s'en soucy guerre.

Ces gensd'armes sont gés de cœur,
De valeur & plain de vaillance,
L'vn est fils d'vn Monopoleur,
Ces gensd'armes sont gens de cœur,
L'vn est Banqueroutier & voleur,
Qui devroit estre à la potence,
Ces gensd'armes sont gens de cœur
De valeur & plain de vaillance.

Il a quantité d'Allemans,
Qui se soûlent comme Polacres,
Aux despens de nos Paysans
Il a quantité d'Allemans,
Le Diable soit fait de ses gens,
Que ne fussent-ils dans la parque,
Il a quantité d'Allemans
Qui se saoullent comme Polacres.

Qu'il a de plaisans Mareschaux,
En bref il faut que ie les nomme,
D'Hoquincourt, d'Aumont ses vas-
Qu'il a de plaisans Mareschaux,
Seneterre, tous tes trauaux,
Ne pouront point sauuer cet hôme,
Qu'il a de plaisans Mareschaux
En bref il faut que ie les nomme.

Ils meritent cent milles fois
Que l'on les loüent auec prudence
C'est pour auoir tous les François
Ils meritent cent milles fois,
Trahy & reduits aux aboix,
La peste créue cette engeance,
Ils meritent cent mille fois, &c.

Enfin il ruyne nostre Roy,
Son Estat aussi sa Couronne,
La France ils mettent en desaroy,
Enfin il ruyne nostre Roy,
Où est-tu homme de Rocroy
Vien t'en destruire ses personnes,
Enfin il ruyne nostre Roy
Son Estat aussi sa Couronne.

Gaston, vous le Duc de Beaufort,
Prenez tous deux en main la Fronde,
Pour les aller reduire à mort,
Gaston, vous le Duc de Beaufort,
Du peuple vous estes supports,
Tant dessus terre, que sur l'Onde,
Gaston, vons le Duc de Beaufort,
Prenez tous deux en main la fronde.

Poictiers tu t'offre tous les iours
A Mazarin ouurir la porte,
Chez toy il se fais de bons tours
Poictiers tu t'offre tous les iours,
De toy ie me ris, car Nemours
Nous est venu reuoir en poste,
Poictiers tu t'offre tous les iours
A Mazarin ouurir la porte.

F I N.

LES TRICOTETS
DE MAZARIN.

A Prsent te voila vaincu
Monsieur le bônet Rouge,
En effet te voila a cu
Comme putains de Bourges.

On a rabaissé t'on caquet,
Tu as la gneille morte,
Dépesche de faire Fourenet
Dans quelque vieille Grotte.

Tu as par trop fait le testu
Auec t'on arrogance,
Mais ma foy tu seras battu
D'vne haute importance.

Tu sçais fort bien qu'on a mis
Dessus t'a Cermoniere,
Prend donc garde d'estre surpris
Soit deuant ou derriere.

Ie crois si tu pouuois t'enfuir
Tu chercherois retraitte,
Mais tu n'en n'auras pas ioisir
Car par tout on te guitete.

Et puis où pourrois-tu aller
Car personne ne t'ayme,
Tu as beau ta teste gratter
T'on mal-heur est extresme.

Va dans les Indes où le Perrou
Te bastir quelque Hutte,
Où te cacher dedans vn trou
Car chacun te rebutte.

Enfin donc Maistre Mazarin
Prend garde à ta Vaisselle,
Car peut estre quelque matin
Tu en auras dans l'aisle.

F I N.

TRIOLETS NOVVEAVX,

Sur la Prise de la Ville de Miradoux, par Monsieur le Prince de Condé.

Condé à forcé Miradoux
Et surpris la Gendarmerie,
Il estoit en tres-grand couroux
Condé à forcé Miradoux
Les Habittans a deux genoux
Supplions Condé pour leur vie
Condé à forcé Miradoux:
Et surpris la Gendarmerie.

Condé à grand coups de Canon,
Plusieurs iours a battu la Ville,
Il c'est acquis vn beau Renom,
Condé a grands coups de Canon,
Il a octroyé le pardon ;
Gardant l'honneur aux Féme & fille,
Condé à grands coups de Canon
Plusieurs iours a battu la Ville.

Il y auoit deux Regiments
Dans Mirandoux chose certaine
Marin les alloit commendant
Il y auoit deux Regiments,
Il n'estoit pas si arrogants
Que lors qu'ils venoient de Loraine,
Il y auoit deux Regiments
Dans Miradoux chose certaine.

Il se sont Rangez sous les Loix,
De Condé rempy de vaillance
Promettent de mettre aux abois
Il se sont Rangez sous les Loix,
Ceux qu'ils voudrôt aux vrais Fraçois
Monstrer destraits d'impertinance
Il se sont Rangez sous les Loix,
De Condé remply de vaillance.

Marcin d'autre part a fait voir,
Vn trait de son hardy courage
Faisant Harcour & son pouuoir
Marcin d'autre part a fait voir
Faisant remestre en leurs deuoir
Beaucoup de vaillants personnage
Marcin d'autre part a fait voir
Vn trait de son hardy courage.

Mazarin est bien estonné
Voyant que son monde le quitte,
Il voudroit bien s'en retourné,
Mazarin est bien estonné
Il ne sçait ou se cantonné,
Tant il a peur de la poursuitte
Mazarin est bien estonné
Voyant que son monde le quitte.

Considerez ce grands Benests
Qui ne veut plus parler au monde,
Il ne parle que par Billets
Considerez ce grands Benests
Le Diable emporte ce Niaists
Qu'il iette aux milieu de Londe
Considerez ce grands Benests
Qui ne veut plus parler au monde.

FIN.

CHANSON NOUVELLE,

qui se chante dans Angers bonne ville, de Iules Mazarin, *Sur le chant*, Helas il nous auroit pas.

PAris ne veut pour certain
De Mazarin,
De Mazarin,
Vistement faut qu'il recule,
Par-tout, l'on ne veut de Iule,
Par-tout, on n'en veut en tout.
  Si Angers le peut tenir
Pour le punir,
Pour le punir,
N'en feroit point de scrupule,
Par-tout l'on ne veut de Iule,
Par-tout on n'en veut du tout.
  Si le tenoient à Bourdeaux,
Sur les carreaux,
Sur les carreaux,
Le mettroient fusse un Hercule,
Par-tout, l'on ne veut de Iule,
Par-tout, on n'en veut du tout.
  Au Havre il vouloit aller
Pour se sauuer,
Pour se sauuer,
Sa puissance a esté nulle,
Par-tout, l'on ne veut de Iule,
Par-tout, on n'en veut du tout.
  Ils vouloit aller à Caën,
Ou à Roüen,
Ou à Roüen,
Bien monté dessus sa mule,
Par-tout, l'on ne veut de Iule,
Par-tout, on n'en veut du tout.
  Il voudroit à Orleans,
Estre & ses gens,
Estre & ses gens,
Sa cause est trop ridicule,
Par-tout, l'on ne veut de Iule,
Par-tout, on n'en veut du tout.
  A Renne s'il il alloit,
On luy feroit,
On luy feroit,
Bien-tost faire la bascule,
Par-tout, l'on ne veut de Iule,
Par-tout, on n'en veut du tout.
  Xainte ne veut nullement
De ce meschant,
De ce meschant,
Car son dessein dissimule
Par tout, l'on ne veut de Iule,
Par-tout, on n'en veut du tout.
  Il n'ose aller ce Tyran,
A Montauban,
A Montauban,
Car il craint qu'on ne l'y brusle,
Par-tout, l'on ne veut de Iule, &c.
  De Pignerole & Turin
Il voudroit bien, Il voudroit bien,
Mais il faut qu'il en recule,
Par-tout, l'on ne veut de Iule, &c.
  Pareillement les Romains,
Les Mazarins, Les Mazarins,
N'obtiendront iamais de Bulle,
Par-tout, l'on ne veut de Iule, &c.
  Aussi tous les Diablotins,
N'en veulent point,
N'en veulent point,
Car il les mettoit en guerre,
Helas Iules temeraire,
Helas qu'est-ce que tu feras.
     FIN.

L'INMANUS DE IULES

Mazarin: *Sur le chant*, Des petits sauts de Bordeaux.

FAut que la postume créue,
  Traistre Cardinal Mazarin,
Tu n'auras aucune tréue
Nos Princes le promettent bien:
Songe à ta conscience

de Mazarin.

Dit viste ton Immanus,
Contre toy toute la France
S'arme sans aucun abus.

N'est-tu pas vn meschant homme
D'estre reuenu à la Cour,
Que n'alois-tu dedans Rome
Faire à tous iamais ton seiour :
Songe à ta conscience, &c.

Tu fais piller nostre France
Par tes insolens Mareschaux,
Dieu en prendera vengeance
Contre tous ces traistres Boureaux :
Songe à ta conscience, &c.

D'Elbœuf, & toy Seneterre,
Tous deux vous vantez qu'à Paris,
Vous voulez liurer la guerre,
Mais gardez bien d'estre surpris ;
Allez ames deloyalles
Qui destruisez vostre Roy,
Vous aussi vostre caballe
Seray mis en desaroy.

D'Aumont, Quincé, & Nauaille,
Vous supporté vn Mazarin,
Pour luy dedans les batailles
Vous auez les armes à la main,
Quoy ? vous mettez au pillage
Tout le bien du Paysans,
Les femmes & filles au Village
Faites violler par vos gens.

Vous nous faites de la peyne,
Mais vn iour l'on vous payera,
Dedans le Bois de Vincenne
Finement on vous mettra :
Ma foy pour moy ie souhaite
Que y fussiez à present,
Et qu'on vous trancha la teste
Pour nous oster de tourment.

Mazarin quoy que tu fasse
De quartier iamais tu n'auras,
L'on punira ton audace
Lors que tu n'y penseras pas :
Songe à ta conscience, &c.

Quoy que tu ait la personne
De Sa Maiesté prés de toy,
De repos tu ne te donne
Tu tremble de peur & d'effroy ;
Songe à ta conscience, &c.

De tous costez chacun s'arme
Pour t'aller surprendre d'assaut,
Sera pour toy rude alarme
Franc coquin, infame maraut,
Songe à ta conscience, &c.

Si on n'estoit pas en France
Trahy par tous tes adherans
Tu fusse en décadence
Des-ia mis y auroit quatre ans :
Songe à ta conscience, &c.

Tu periras incommode
Bourreau des pauures innocens,
Ne sçait tu point comme Herodes
Est mort bien miserablement,
Songe à ta conscience,
Dit viste ton Immanus,
Contre toy toute la France,
S'arme sans aucun abus.

FIN.

※※※※※※※※※※

Le Salut des Partisans, & autres
pieces du temps.

CHantons tout, Gaudamus,
Le Parlement à le dessus,
Et nous remet en nos estats, Alleluya
Alleluya, Alleluya, Alleluya.

Nous iouyssons par la bonté
De cette ancienne liberté,
Plus d'Impost l'on ne souffrira,
Alleluya, &c.

Tous les Maltotiers sont camus,
Ces mal-heureux n'en peuuent plus,
Retournent en leurs premiers estats,
Alleluya, &c.

Charles Picard tout le premier,
Reprend l'estat de Cordonnier,

Que jadis son exerça
Alleluya, &c.

 Tabouret veut aussi rentrer,
Dedans l'honnorable mestier,
De Frippier tant il s'y ayma,
Alleluya, &c.

 Doublet malgré tous ses supposts,
Reprend aujourd'huy les sabots,
Que dans Paris il apporta,
Alleluya, &c.

 Pour le Févre chacun soustien,
Que puis qu'il est venu de rien,
En l'air ces jours il finira,
Alleluya, &c.

 Mesme l'on void que Guenegaud,
Qui vivoit jadis à gaugaud,
A grand' peyne il s'en sauvera,
Alleluya, &c.

 Quoy qu'on ait veu Monsieur Larcher,
Avec grand train tousjours marcher
Au Village on le trouvera,
Alleluya, &c.

 Sans rechercher l'extraction
De Catelan, ny sa maison,
D'abord on croit qu'on le pendra,
Alleluya, &c.

 Et pour le regard d'Emery,
Chacun soustient dedans Paris,
Que le Diable l'emportera,
Alleluya, Alleluya, Alleluya,
Alleluya.

 Or-sus il nous faut réjoüyr,
Et ne plus jamais se servir
De ces Diables incarnez-là,
Alleluya, Alleluya, Alleluya,
Alleluya.

 Et ce Sorcier de Mazarin,
Qui a soustenu tout le train,
C'estoit pour troubler tout l'Estat,
Alleluya, Alleluya, Alleluya,
Alleluya.

  F I N.

AIR DV TEMPS,
sur le chant, Laissez paistre vos bestes.

LE Cardinal cét animal,
Qui est cause de nostre mal,
Et son Mulet & son Cheual,
Il ruyne tout le peuple,
Cét hypocrite & endiablé
Cependant cét infame
Fait encherir nos bleds,
Quoy que ne soyez bestes,
Pauures Laboureurs & Marchands,
L'on vous veut faire paistre
L'herbe parmy les Champs.

 Il a rauy tous nos Louys,
Pour enuoyer en son pays,
Car les Iules en sont banis;
Mais s'il ne les rapporte
Il se verra bien-tost puny,
Le grand Diable l'emporte,
S'il ne les va querir,
Quoy que ne soyez bestes, &c.

 Et ce pourceau de Chancelier,
Qui de nos bouës à tant mangé,
Qu'en puisse-il estre creué,
Dedans l'Hostel de Luynes,
S'il ne s'y fut bien-tost sauué,
L'on l'eut mis dans la Seine,
Pour l'apprendre à nager,
Quoy que ne soyez bestes, &c.

 La Melleray s'en est meslé,
Qui a esté bien estrillé
Et par les Mariniers gaulé;
Les grands Crocs de la Gréue:
L'on fait promptement retirer,
Et eut des coups de pierre;
Par dessus le marché,
Quoy que ne soyez bestes, &c.

 Particule, ce gros Dragon,
Il eut esté pendu dans Lyon,
Ce qui luy fit changer son nom,
S'enfuya de la ville

de Mazarin.

Pour se sauuer en Auignon,
Les Iuifs le retirent
Comme leur Compagnon,
Quoi que ne soyez bestes, &c.
Où estoient ces Monopoleurs,
Tous ces partisans & Volleurs,
Et de la France les Mineurs :
A lors des Barricades,
Si l'on les eust peu attrapper
Nostre braue Brigade
Les eust fait escorcher,
Quoy que ne soyez, &c.
  Mais Nosseigneurs de Parlement.
Donneront bien-tost Iugement :
Contre ces traistres insolents
Pour mettre à la potence,
Et puis de là à Mont-faucon,
Cette maudite engeance
Helas ! qu'en dira-t'on ?
Quoy que ne soyez, &c.
  Grand parlement à cette fois,
A ces Volleurs faites les Loix,
Que le bon-temps fassiez reuoir
Parmy toute la France,
Comme autres-fois il a esté,
Par vostre preuoyance,
Et grande charité :
Quoy que ne soyez bestes,
Pauures Laboureurs & Marchands :
L'on veut vous faire paistre
L'herbe parmy les champs.
  Et vous Bourgeois, prudét Soldats :
Qui vous disposez aux Combats,
Pour vn suiets si iuste, helas !
Qu'vn Paris dans la France,
Ne respire que pour son Roy,
Pour estre en asseurance
Et viure soubs sa Loy,
Quoy que ne soyez bestes,
Pauures Laboureurs & marchands :
L'on veut vous faire paistre
L'herbe parmy les Champs.
    F I N.

ANAGRAMME.

Voyez de Mazarin la plaisante Anagramme.
Il y a Sazarin mettant s pour m.

Air de Cour nouueau, sur la plainte
ds l'Amour, contre la Guerre Parisienne : *Sur le chant*, De la Courante de la Reyne, &c.

Que vous nous causé de tourment
Fascheux Parlement,
Que vos Arrests,
Sont ennemis de tous nos interrests,
Le Carnaual à perdu tous ces charmes,
Tout est en armes,
Et les Amours,
Sont effrayez par le bruit des Tambours.
  La Guerre va chassé l'Amour,
Ainsi que la Cour,
Est de Paris,
La peure banit & les ieux & les ris
Adieu le Bal, Adieu les promades
Les Senerades,
Car les Amours,
Sont effrayez par le bruits des Tambours.
  Mars est vn fort mauuais Galand,
Il est insolent,
Et la beauté,
Perd tous ces droits auprés de la Ferté
On ne peut pas accordez les Trompettes,
Et les Fleurettes,
Car les Amours,
Sont effrayez par le bruits des Tambours.

Mars oste tous les reuenus,
A Dames Venus :
Les cheres sœurs,
N'ont à present ny argent ny dou-
ceur
On se diroit pour vn sac de Farine,
Les plus Diuines,
Car les Amours,
Sont effrayez par le bruits des Tam-
bours.
   Place Royalle autant d'Amants,
Monstroient leurs tourments
Où leurs destins,
Estoit tousiours flatté par Constan-
tin,
On n'entend plus au lieu de tant
d'Aubaudes :
Que mousquetades,
Et les Amours,
Pour tousiours n'ont plus que son
des Tambours.
   Que de plaisirs fait le Blocus,
A tant de Cocus,
Car desormais,
Ils n'auront plus chez eux tant de
plumets,
Les caiolleurs
Ces diseurs de sornettes,
Font leurs retraittes
Et les Amours,
Sont deserte par les bruits des Tam-
bours.
   On ne void plus desprits censé,
Tout est renuersé
Se Senateur,
Trenche à present du bon gladia-
teurs
Les Escheuins,
Ont quitté la Police,
Pour la Milice,
Et les Bourgeois,
Croient auoir droit de reformer les
   Loix.   F I N.

CHANSON NOVVELLE,
sur la sortie de Messieurs les Princes, hors de la Ville de Paris, *Sur
le chant*, Ie vous dis adieu desfor-
mais, &c.

IE ne sçay pas qu'elle nouuelle
Dedans la Cour est arriuée,
On a voulu saisir & prendre
Ce vaillant Prince de Condé,
Monseigneur le Duc d'Orleans,
Assemblez les Princes du Sang.
   Ce fut la nuict chose assurée
Que Monsieur en fut aduerty,
Qu'ō vouloit prēdre les deux Princes
Affin de les faire perir
A Sainct Maur les a enuoyez,
Enpeschant leur captiuité.
   Mais ce grand Prince de remarque
A son frere a faict demander
Auons nous faict quelque insolence,
Quelqu'vn se tient il offensé
Mazarin n'est-il point comtent
De nous mettre dans les tourmens.
   Qu'il s'en reuienne dans la France,
Pour moy ie ny veux point signer
I'aymerois mieux ie vous asseure
Mourir dans la captiuité,
Il a pris l'argent des François
Et mis tout le peuple aux abois,
   Et mesme par sa perfidie
Le Roy la Reine a emmené,
Taschant de les mettre en exil,
Mais Iesus les a conseruez
Il a fait couper par morceaux,
Les petits enfans du Berceau.
   Et puis aux Chasteau de Vincenne
Tous trois il nous a faict loger
Et mesmement dedans le Haure,
Aussi nous fusmes trans ferez

Moy

Moy & mon Frere de Conty,
Nous estions presques au mourir.
    Le Parlement plein d'excellence
Pour nous il a tant procuré
Enuers le Roy aussi la Reine
Qu'en fin nous sommes desliurez,
Mais sans mon Cousin de Beaufort
Nous serions tous trois à la mort.
    Puis nous voila mis en exil,
Hors de la Ville de Paris,
Le peuple remply d'inocence,
Croyra que nous auons trahy
I'aymerois mieux cent fois mourir.
Ie desire le Roy seruir.
    Qand on m'apporta ces nouuelles
Ie n'eus le soin de m'abiller
Ie mis toute ma diligence,
Durant la nuict à me sauuer,
I'auois l'esprit tout transporté
Ne sçachant où me retirer.
    S'il eust esté deuant ma porte
Il se pouuoit recommender
A celuy qui est plus grand diable
Qui vn iour le doit emporter
Iamais ne le fut esquieté
I'eusse fait à ma volonté.
    Tous les Monopoleurs de France
Voudroient bien fut arriué
Pour maintenir leurs Monopoles
Mais il n'y a rien à grater
Il se peut bien frotter le cul,
Car d'argent il n'en aura plus.
    Il pourra bien aller à Rome,
Dans son Palais si tapissé
Qu'il ne viennent plus dans la France
Autrement il sera accablé
Si iamais il vient à Paris
Le peuple le fera mourir.
    Il faut exiler de la France
La race de Mazariny,
Car ces traistres pleins d'arrogance
Ne font que piller le pays
Ie viendray comme vn bon François
Dans le Conseil auprès du Roy.
    Il faut punir leur insolence
Ou iamais ie ny veux entrer
Puis que son Altesse Royalle
M'a promis sa fidelité
Et tout le peuple mesmement
Me voir ainsi est mal content.
    Ie m'en doutois chose asseurée,
L'autre iour en allant chasser
Si i'eusse entré dedans Vincenne
Le Gouuerneur m'eust arresté,
La saincte Vierge me disoit
Non, n'entre point dedans ce bois.
    C'est cette Vierge debonnaire
Bon François, qu'il nous faut prier,
Par sa bonté & sa clemence,
Vueille la France proteger
En l'honneur de la Passion
D'appaiser nos afflictions.

F I N.

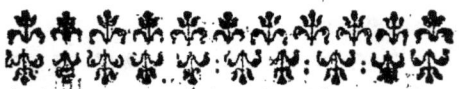

LES TRIOLETS SVR LA IONCtion des Princes, sur la deroute des Mazarins.

IE m'en vais Chanter hautement,
Les loüanges de son Altesse,
Et de nostre grand Parlement,
Ie m'en vais chanter hautement
Porté d'vn mesme sentiment,
Pour nos Princes & pour la Noblesse
Ie m'en vais chanter hautement
Les loüanges de son Altesse.

Car nostre grand Duc d'Orleans,
Dont la prudence est sans pareille
Sera des plus grands Triomphans,
Car nostre grand Duc d'Orleans,
Bref luy & tous ses descendans
Seront pour nous vne merueille,
Car nostre grand Duc d'Orleans,
Dont la prudence est sans pareille.

Ce cœur Genereux de Condé
De sa Valeur fait-il pas monstre,
Par tout s'est-il pas hazardé
Ce cœur Genereux de Condé
Par luy sera accommodé,
Mazarin dans quelque rencontre,
Ce cœur Genereux de Condé
De sa Valeur fait-il pas monstre.

Aussi la Generosité
Du Prince de Conty son Frere,
Qui d'vn mesme desir porté
Aussi la Generosité
Punira la Temerité
De Mazarin leur aduersaire,
Aussi la Generosité
Du Prince de Conty son Frere.

Et puis ce grand cœur de Beaufort
En qui tout nostre espoir consiste,
Qui malgré l'enuie & le fort,
Et puis ce grand cœur de Beaufort,
Fera vn Glorieux effort
Sur l'engeance Mazariniste,
Et puis ce grand cœur de Beaufort
En qui tout nostre espoir consiste.

Son Altesse pour l'honorer,
Luy a donné la Lieutenance
Où son courage il va monstrer
Son Altesse pour l'honorer
Bien-tost l'on entendra parler
De la vertu de sa vaillance,
Son Altesse pour l'honorer,
Luy a donné la Lieutenance.

Que fera Monsieur de Nemours,
Enuers Mazarin & sa suyte,
Il leur iouëra de fort bons tours
Que fera Monsieur de Nemours,
Ce Prince fera voir tousiours
Qui faict bon dessous sa conduiste,
Que fera Monsieur de Nemours
Enuers Mazarin & sa suyte.

Nostre Cardinal de Gondy,
En qui toute science abonde
Est tres courageux & hardy,
Nostre Cardinal de Gondy
Iamais n'a esté reffroidy
Pour le party de nostre Fronde,
Nostre Cardinal de Gondy,
En qui toute science abonde.

De nostre Auguste Parlement,
Dont l'arrest est irreuocquable,
Tost ou tard tres asseurement,
De nostre Auguste Parlement,
Fera subir se Iugement,
A Mazarin l'abominable
De nostre Auguste Parlement,
Dont l'arrest est irreuocquable.

Mazarin tu és l'instrument,
De tous les troubles de la France,
Tu cause tout son remuëment
Mazarin tu és l'instrument,
Mieux voudroist'on éloignement
Que non pas icy ta présence
Mazarin tu és l'instrument,
De tous les troubles de la France.

Et quoy failloit-il Mazarin,
Que tu vint troubler nostre ioye,
Fut tu dans vn lieu sousterreins
Et quoy failloit-il Mazarin,
Que tu gaste nostre bon grein
Car tu y seme de l'iuroye,
Et quoy failloit il Mazarin,
Que tu vint troubler nostre ioye.

De nos Princes la fonction,
Te deuroit faire mettre enfuiste
Car vne si belle vnion,
De nos Princes la fonction,
Ruynera ta pretention
Qui auec toy sera destruite,
De nos Princes la fonction
Te deuroit faire mettre enfuiste.

Ie ne sçay là où tu iras,
D'autant que tout chacun t'abhorre
N'y le lieu que tu choisiras,
Ie ne sçay là où tu iras
Poinct assuré tu ne seras,
De quoy t'on malheur ie déplore
Ie ne sçay là où tu iras
D'autant que tout chacun t'abhorre.

F I N.

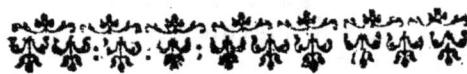

TRIOLETS DE MAISTRE
Iules, pour seruir d'entretien aux
Interessez de ce temps.

QVoy, Mazarin est reuenu!
 au diable soit sa contenance,
Il est de bien prés retenu,
Quoy Mazarin est retenu!
Il croyoit estre maintenu
Dans le noble pays de France:
Quoy Mazarin est reuenu,
Au diable soit sa contenance.

Il croyoit de nos bons François
Faire vne capilotade,
Et mettre nos Princes aux abois,
Il croyoit de nos bons François;
Mais il se voit en desarrois
Auec ces Rodomontade;
Il croyoit de nos bons François
Faire vne capilotade.

Il a suborné d'Hocquincourt
Pour luy faciliter passage,
Pour le ramener à la Cour,
Il a suborné d'Hocquincourt,
S. Luc & le Comte d'Harcourt,
Ce sont hommes qui sont peu sages,
Il a suborné d'Hocquincourt
Pour luy faciliter passe.

Il amena auecque luy
Vne tres-belle & bonne armé
Ce coup il souffre grand ennuy,
Il amena auecque luy;
Condé l'a battu auiourd'huy,
Et mis tous ces gens en fumée ;
Il amena auecque luy.
Vne tres-belle & bonne armée.

Il fust mené auprés du Roy,
Iusqu'à Poitiers la bonne Ville,
En grand & magnifique arroy,
Il fust mené auprés du Roy,
Maintenant il est en esmoy,
Car trop salle sont ses guenilles
Il fust mené auprés du Roy;
Iusqu'à Poitiers la bonne Ville.

Il croyoit bien perdre Condé,
Conty & Beaufort sans doutance,
Estant du diable secondé,
Il croyoit bien perdre Condé;
A cela il a trop tardé
Dont il en est défaillance;
Il croyoit bien perdre Condé,
Conty & Beaufort sans doutance.

Ce coup il est en déconfort,
A peu qu'il ne perde patience ;
Il craint Condé, Conty, Beaufort,
Ce coup il est en déconfort ;
Et moy ie predis que sa mort
Sera au bout d'vne potence;
Ce coup il est en déconfort,
A peu qui perde patience.

F I N.

www.ingramcontent.com/pod-product-compliance
Lightning Source LLC
Chambersburg PA
CBHW060515050426
42451CB00009B/992